Parc national du champ de bataille de Manassas (Bull Run), Virginie [1953]

Francis Wilshin

Writat

Cette édition parue en 2023

ISBN : 9789359255132

Publié par
Writat
email : info@writat.com

MANASSAS
(*course de taureaux*)
PARC NATIONAL DU CHAMP DE BATAILLE
Virginie

par Francis F. Wilshin

Photographie de guerre de la Maison en pierre, qui constitue toujours le monument le plus remarquable des première et deuxième batailles de Manassas . Avec la permission des Archives nationales.

Le parc national du champ de bataille de Manassas préserve les lieux de deux des célèbres batailles de la guerre civile. Le premier restera à jamais mémorable en tant qu'engagement d'ouverture de ce grand conflit, tandis que le second, combattu environ un an plus tard, a ouvert la voie à la première invasion du Nord par Lee. Dans chaque cas, les armes confédérées remportèrent un succès retentissant et menacèrent dangereusement la capitale nationale.

La guerre civile fut peut-être l'événement le plus dramatique et le plus significatif de l'histoire des États-Unis en tant que nation indépendante. C'était le point culminant d'un demi-siècle de rivalités sociales, politiques et économiques nées d'une économie moitié esclave, moitié libre. Dans la course à l'expansion territoriale en Occident, dans l'évolution des théories du gouvernement centralisé et dans la conception des droits de l'individu, ces rivalités sont devenues si intenses qu'elles ne trouvent de solution que dans les sombres réalités des conflits civils.

C'est sur les grands champs de bataille de cette guerre, s'étendant de la frontière mexicaine jusqu'à la Pennsylvanie, que ces différences furent résolues dans une nouvelle conception de l'unité nationale et une extension de la liberté. Par l'ampleur de ses opérations, par l'ampleur de son coût en vies humaines et en ressources financières, la guerre n'avait que peu, voire aucun, d'équivalent dans le passé. Son empreinte sur l'avenir a été profonde et durable, son sacrifice héroïque est un hommage inspirant au courage et à la valeur du peuple américain.

Les premiers jours de la guerre

L'éclair et le rugissement sourd d'un mortier de 10 pouces, le 12 avril 1861, annonçaient à une campagne effrayée le tir du coup d'envoi de la guerre civile. Deux jours plus tard, Fort Sumter se rendit. Les répercussions de ce tir allaient ébranler les fondements mêmes de la Nation. Finie la période d'apathie et d'indécision. Les événements se déroulèrent désormais avec une rapidité fulgurante.

Le 15 avril, Lincoln a lancé un appel à 75 000 volontaires et bientôt les troupes ont afflué vers Washington. Le 23 mai, la Virginie vota la ratification de l'ordonnance de sécession et le lendemain, des colonnes de troupes fédérales traversèrent le Potomac et s'emparèrent d'Alexandrie et d'Arlington Heights. Huit jours plus tard, Richmond devint la capitale de la Confédération et le principal objectif des armées fédérales à l'Est. S'étendant de l'Ohio à la baie de Chesapeake, la Virginie constituait l'État le plus riche et le plus peuplé de la Confédération. On y trouvait de riches ressources naturelles et un important réseau de chemins de fer et d'autoroutes pour le transport militaire. Ces avantages militaires, cependant, étaient quelque peu contrebalancés par les eaux profondes qui entouraient une grande partie de l'État, augmentant sa vulnérabilité aux attaques fédérales.

Juste en face de l'une des principales routes menant à Richmond depuis le nord se trouvait Manassas, une petite colonie ferroviaire, à seulement quelques kilomètres à l'est des montagnes Bull Run. Ici, le chemin de fer d'Orange et d'Alexandrie formait une jonction avec la ligne Manassas Gap qui s'étendait vers l'ouest à travers le Blue Ridge jusqu'à Strasbourg, près de Winchester. En s'emparant de ce carrefour important, situé à environ 25 milles au sud-ouest de Washington, l'armée fédérale pourrait suivre l'Orange et l'Alexandria au sud-ouest jusqu'à Gordonsville et de là continuer par la Virginia Central vers l'est jusqu'à Richmond. Ceci, avec de bonnes autoroutes de soutien, garantirait une approche terrestre qui éviterait bon nombre des barrières naturelles trouvées sur le chemin le plus court par Aquia Creek et Fredericksburg.

L'importance de Manassas était également évidente pour les Confédérés. Dès le 6 mai, le colonel St. George Cocke , commandant le département du Potomac, avait reçu une dépêche du général Robert E. Lee : « Vous êtes invité à poster à Manassas Gap Junction une force suffisante pour défendre ce point contre une attaque. susceptible d'être lancé contre lui par les troupes de Washington. »

Les premières troupes à arriver étaient deux régiments irlandais bruts, non entraînés et sans uniforme d'Alexandrie, armés de mousquets modifiés. Le 14 mai, Cocke put écrire à Lee qu'il avait réussi à rassembler une force de 918 hommes à Manassas. Le fait qu'il avait une claire compréhension de l'importance militaire de la région apparaît dans sa dépêche à Lee le lendemain : « Il est évident, monsieur, qu'avec un corps d'armée fort *à Manassas* et au moins une division à Winchester, ces deux corps étant reliés par un chemin de fer continu passant par Manassas Gap, il devrait y avoir à tout moment sur cette route de nombreux moyens de transport. Ces deux colonnes, l'une à Manassas et l'autre à Winchester, pourraient facilement coopérer et se concentrer sur l'un ou l'autre point. Voilà donc un germe important de la stratégie confédérée.

Dans le cadre de cette stratégie, Brig. Le général Joseph E. Johnston avait été envoyé pour prendre le commandement de la force confédérée d'environ 12 000 hommes stationnée à l'extrémité nord de la vallée de Shenandoah à Harper's Ferry. C'était ici la porte d'entrée vers le Nord à travers la vallée de Cumberland dans le Maryland et c'est ici que passait le grand chemin de fer de Baltimore et de l'Ohio qui reliait Washington à l'Ouest. Mais le major-général Winfield Scott, alors aux commandes de l'armée des États-Unis, avait dépêché le major-général Robert Patterson avec une force d'environ 18 000 hommes pour s'emparer de cette position stratégique et empêcher, à tout prix, la jonction de l'armée américaine. Les forces de Johnston avec l'armée confédérée à Manassas.

Les confédérés se tournent vers les défenses de Manassas

Le 1er juin, le brigadier. Le général Pierre GT Beauregard, le héros confédéré de Fort Sumter, arrive pour prendre le commandement à Manassas. Deux jours plus tard, il écrivait au président Jefferson Davis pour demander des renforts. A cette époque lointaine, les défenses de Manassas paraissaient tout sauf redoutables aux yeux d'un lieutenant d'artillerie anglais qui, arrivant de nuit, les observa pour la première fois : « J'avais peine à croire qu'il s'agissait là d'un grand dépôt militaire, car rien n'existait. dans mon champ de vision pour indiquer que tel était le fait. La gare elle-même était un bâtiment bas, d'un seul étage, d'environ soixante-quinze pieds de long, avec des balles et des caisses éparpillées ; une maison de rafraîchissement à proximité n'était pas attrayante, et à l'exception d'une ou deux petites chaumières dispersées ici et là, on ne voyait rien.

Brick. Le général Pierre Gustave Toutant Beauregard aux commandes de l'armée confédérée du Potomac. Avec la permission des Archives nationales.

À la fin du mois de juin, la situation avait sensiblement changé. Les routes, les champs et la ville étaient remplis de soldats par milliers. Autour du carrefour, des fortifications massives avaient été érigées dans des directions différentes de la gare. À travers les embrasures de ces terrassements, les bouches des gros canons pointaient d'un air menaçant vers Washington. Des hectares d'arbres avaient été abattus pour laisser libre champ à l'artillerie, et aux positions clés le long du front, les hommes montaient constamment la garde à leurs postes de combat. Les camps avaient poussé comme des champignons en rase campagne, et ici on pouvait voir des troupes en uniforme et sans uniforme s'engager presque sans cesse dans des exercices.

Le 23 juin, Beauregard fut en mesure d'informer le secrétaire confédéré à la Guerre que, grâce aux importants renforts récemment reçus, il avait pu diviser ses forces en six brigades commandées par Bonham, Ewell, DR Jones, Terrett, Cocke et Early . . Des détachements avancés étaient stationnés à des points clés, notamment Centreville, Fairfax Court House, Germantown, la jonction de Old Braddock Road avec Fairfax Court House Road et à Sangster's Crossroads. Le gros de ses troupes étant partiellement retranché le long de Bull Run, d'Union Mills au Stone Bridge, Beauregard surveilla de près les préparatifs fédéraux en vue d'une avance.

À mesure que la tension montait, les alarmes se produisaient de plus en plus fréquemment. Les hommes sans bottes, sans chapeau et sans manteau se précipitaient souvent vers les rassemblements au son du « bruit sourd des gros tambours ». Les rumeurs de l'avancée fédérale « remplissaient toutes les brises ». Dans une dépêche datée du 9 juillet, Beauregard informait le président Davis : « Les forces ennemies augmentent et avancent quotidiennement de ce côté du Potomac. Il attaquera bientôt avec un nombre très supérieur. Il ne faut pas perdre de temps pour me renforcer ici avec au moins dix mille hommes, volontaires ou miliciens.

Le 17, Beauregard télégraphie au président Davis l'informant d'une attaque contre ses avant-postes et lui demandant d'envoyer des renforts « dans les plus brefs délais ». Face à cette crise, Davis a agi rapidement. Informant Beauregard de l'envoi de renforts de la Légion de Hampton, du régiment de McRae et de deux bataillons de troupes du Mississippi et de l'Alabama, il ordonna aux troupes de Holmes de quitter Fredericksburg. Le même jour, par l'intermédiaire de son adjudant, il envoya la dépêche suivante à Johnston à Winchester :

RICHMOND, le 17 *juillet* 1861.

Général JE JOHNSTON, *WINCHESTER, Virginie* :

Le général Beauregard est attaqué. Pour porter à l'ennemi un coup décisif, il faudra une jonction de toutes vos forces

effectives. Si possible, effectuez le déplacement en envoyant
vos malades et vos bagages au palais de justice de Culpeper,
soit par chemin de fer, soit par Warrenton. Dans toutes les
dispositions, exercez votre discrétion.

S. COOPER, *Adjudant et inspecteur général* .

Réalisant que Harper's Ferry était intenable, Johnston s'était
auparavant retiré sur Winchester, Patterson le poursuivant
prudemment. Recevant la dépêche de Davis à 1 heure du matin le
18 juillet, Johnston décida d'échapper à Patterson et de rejoindre
Beauregard le plus rapidement possible. A marche forcée, il atteint
le Piémont où ses différentes brigades s'entraînent pour Manassas
Junction, à 35 milles de là. Brick. La brigade du général Thomas
J. Jackson était en avance, suivie par celles de Bee, Bartow et Elzey
.

Ainsi, après environ trois mois de préparation précipitée après
Sumter, le décor était enfin planté : le drame de la bataille
d'ouverture était sur le point de se dérouler.

L'armée fédérale se dirige vers Manassas

Le 16 juillet, le brigadier. Le général Irvin McDowell avait mis à contrecœur l'armée fédérale en mouvement. En vain, il avait tenté de retarder le mouvement jusqu'à ce qu'un entraînement adéquat puisse lui fournir une force de combat efficace composée de volontaires de trois ans, autorisée par le président Lincoln le 3 mai, mais la clameur populaire ne fut pas démentie. La pression en faveur d'un mouvement en avant fut accrue par la prise de conscience que la durée de l'enrôlement expirait rapidement pour un grand nombre de troupes. Un retard supplémentaire signifierait la perte de leurs services.

Brick. Le général Irvin McDowell, commandant de l'armée fédérale lors de la première bataille de Manassas. Avec la permission des Archives nationales.

Avec enthousiasme et grande attente, l'armée, accompagnée de nombreux notables dans de beaux carrosses, prit la route, forte de 35 000 hommes. Rarement le pays avait vu une telle touche de couleur que celle présentée par les uniformes brillants des différents régiments et les drapeaux nationaux et régimentaires flottant gaiement. L'avance du premier jour ne couvrait que 6 milles. La chaleur accablante, la poussière, la soif et le poids de l'équipement lourd ralentissaient le pas et provoquaient des traînées considérables.

Cependant, les esprits en retard s'enflammèrent avec l'avancée triomphale de la division Hunter dans le palais de justice de Fairfax. Alors que la tête de la colonne se dirigeait vers la ville, les unités confédérées stationnées là-bas s'enfuirent si précipitamment qu'elles laissèrent derrière elles de grandes quantités de fourrage et d'équipement de camp. Dans un impressionnant spectacle de splendeur martiale, les troupes, quatre de front, baïonnette au canon, ont défilé dans les rues au son de l'hymne national et d'autres airs patriotiques joués par les fanfares régimentaires.

Depuis Fairfax Court House, l'avancée s'est dirigée prudemment vers Centreville, avec des ingénieurs et des hacheurs lancés en avant pour alerter l'armée des « batteries masquées » et pour dégager les barrages routiers de bois tombé laissés par les confédérés qui se retiraient. Le 18 à midi, le gros de l'armée de McDowell s'était rassemblé à Centreville et était maintenant prêt à frapper.

Au cours de l'avancée, peu ou pas d'informations avaient été reçues concernant les mouvements de Patterson dans la vallée. Irrité par cela, Scott a télégraphié à Patterson ce qui suit :

Washington, 18 *juillet* 1861.

Major-général Patterson,...

Je m'attendais certainement à ce que vous battiez l'ennemi. Sinon, entendre que vous l'aviez fortement ressenti, ou, du moins, que vous l'aviez occupé par des menaces et des manifestations. Vous avez été au moins son égal et, je suppose, supérieur en nombre. N'a-t-il pas volé une marche et envoyé des renforts vers Manassas Junction ? Une semaine suffit pour remporter des victoires....

WINFIELD SCOTT

Fortifications confédérées à Manassas, Virginie. Photographie de guerre. Avec la permission des Archives nationales.

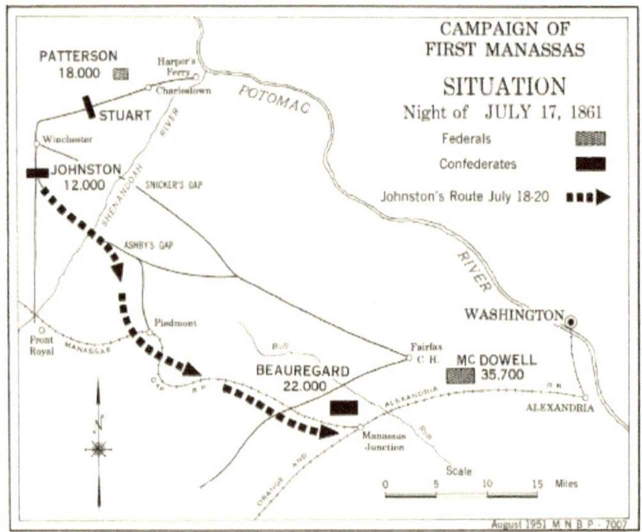

CAMPAGNE DU PREMIER MANASSAS : SITUATION, Nuit du 17 JUILLET 1861

À cela, Patterson a envoyé la réponse suivante au colonel Townsend au quartier général de Scott :

CHARLESTOWN, Virginie, 18 *juillet* 1861.

Colonel ED Townsend :

Télégramme d'aujourd'hui reçu. L'ennemi n'a pas pris de marche sur moi. Je l'ai maintenu activement employé, et par des menaces et des reconnaissances en force, je l'ai fait renforcer. J'ai accompli à cet égard plus que ce que le général en chef demandait, ou ce à quoi on pouvait s'attendre, face à un ennemi bien supérieur en nombre, sans ligne de communication à protéger.

R. PATTERSON,...

Les événements des jours suivants justifièrent largement les soupçons de Scott.

McDowell teste la droite confédérée

Le 18 juillet, dans un mouvement sensible sur la droite confédérée, Tyler lança une attaque contre les troupes de Beauregard stationnées à proximité de Blackburn's Ford. L'affaire devint quelque peu incontrôlable, si bien que la force fédérale fut vivement repoussée. L'action a eu un effet déprimant sur le moral de l'Union mais a grandement stimulé celui des Confédérés. S'ensuivirent ensuite deux jours de retard coûteux pour McDowell, pendant lesquels il fit avancer ses fournitures - un retard sur lequel les Confédérés n'ont pas tardé à capitaliser. Au son de la hache et du fracas des arbres qui tombaient, ils construisirent des barrages routiers le long du Warrenton Pike, à proximité du Stone Bridge, et renforcèrent en général leurs défenses. Plus important encore, le retard a donné à Johnston le temps dont il avait bien besoin pour atteindre Manassas.

Les renforts confédérés avançaient maintenant régulièrement. Le 19, Jackson arriva avec 2 500 hommes, après avoir parcouru environ 55 milles en 25 heures. Au lever du soleil le 20, d'autres renforts de Johnston étaient arrivés : les 7e et 8e régiments géorgiens de la brigade Bartow, comptant 1 400 hommes. Vers midi, Johnston lui-même arriva accompagné de Bee, du 4e Alabama, du 2e Mississippi et de deux compagnies du 11e Mississippi. Le camp confédéré devient désormais le théâtre d'une activité intense. Tandis que les renforts se positionnaient sur la ligne, Beauregard et Johnston discutaient des plans d'une offensive. Les bougies brûlaient bas au quartier général cette nuit-là alors que Beauregard et son état-major mettaient la touche finale au plan d'attaque confédéré. À 4 h 30, il le soumet à Johnston, son supérieur, pour approbation qui lui est rapidement accordée. Le plan impliquait le flanc de la gauche fédérale, mais le mouvement précoce de McDowell, l'arrivée tardive des renforts attendus et l'échec des ordres se sont combinés pour empêcher son exécution.

Première bataille de Manassas (VOIR <u>CARTE PAGES 22-23</u> .)

Le dimanche 21 juillet, l'aube était claire et lumineuse. Le remuement indifférent des arbres annonçait très tôt que la journée serait chaude. La poussière gisait épaisse sur l'herbe, les broussailles et les uniformes des hommes. Les camps confédérés commençaient à peine à s'agiter après une nuit agitée lorsque, tout à coup, vers 5 h 15 du matin, on entendit le rugissement tonitruant d'un gros canon à proximité du pont de pierre. Avec ce coup, tiré d'un fusil Parrott de 30 livres commandé par Tyler, McDowell ouvrit la première bataille de la guerre.

Jeunes confédérés de Richmond qui allaient bientôt recevoir leur baptême du feu lors de la première bataille de Manassas. Extrait de « Histoire photographique de la guerre civile ».

Armée fédérale près du palais de justice de Fairfax en route vers la première bataille de Manassas. Un détachement du 2d Ohio est représenté au premier plan. D'après un croquis original d'AR Waud . Avec l'aimable autorisation de la Bibliothèque du Congrès.

Depuis 2h30 du matin, ses troupes étaient en mouvement pour exécuter un plan d'attaque bien conçu. Au clair de lune, de l'autre côté de la vallée de Centerville « étincelante de givre d'acier », l'armée fédérale avait lancé une attaque sur trois fronts. McDowell avait initialement prévu de tourner les Confédérés à droite, mais l'affaire du 18 à Blackburn's Ford avait montré aux Confédérés une force considérable dans ce secteur. Informé en outre que le pont de pierre était miné et que l'autoroute à l'ouest du pont était bloquée par un lourd abatis, il décida de tourner l'extrême gauche confédérée. Par ce mouvement de flanc, il espérait s'emparer du pont de pierre et détruire le chemin de fer de Manassas Gap à Gainesville ou à proximité, brisant ainsi la ligne de communication entre Johnston, soi-disant à Winchester, et Beauregard à Manassas. Pour masquer l'attaque principale, Tyler devait faire une feinte sur les défenses confédérées à Stone Bridge, tandis que Richardson devait faire une diversion à Blackburn's Ford. La division Miles devait couvrir Centreville, tandis que la division Runyon couvrait la route vers Washington. Dans une large mesure, le succès de l'attaque dépendait de deux facteurs : la rapidité du mouvement et l'élément de surprise.

Tournant à droite à Cub Run Bridge, la principale colonne fédérale, composée des divisions Hunter et Heintzelman, avait suivi un étroit chemin de terre jusqu'à Sudley Ford qu'elle atteignit, après des retards exaspérants, vers 9 h 30. Ici, les hommes s'arrêtèrent pour boire et remplir leurs cantines. Même si cette perte de temps a été coûteuse, le succès aurait pu être le leur si le mouvement n'avait pas été détecté.

Sudley Springs Ford, Catharpin Run. Photographie de guerre. Avec l'aimable autorisation de la Bibliothèque du Congrès.

Depuis Signal Hill, un point d'observation élevé au sein des défenses de Manassas, l'officier des transmissions confédéré, EP Alexander, scrutait l'horizon à la recherche de toute preuve d'un mouvement de flanc. Un verre à la main , il examinait la zone à proximité de Sudley Ford lorsque, vers 8 h 45, son attention fut attirée par la lueur du soleil matinal sur une pièce de campagne en laiton. Une observation plus approfondie a révélé le scintillement des baïonnettes et des canons de mousquet. Rapidement, il fit signe à Evans au pont de pierre : « Faites attention à votre gauche ; tu es transformé. Ce message, qui devait jouer un rôle important dans le développement tactique de la bataille, représente probablement la première utilisation en conditions de combat du système de signalisation « wig-wag ».

Les ruines du pont de pierre sur Bull Run, depuis l'est. Ici s'ouvrit la première bataille de Manassas. Photographie de guerre. Avec la permission des Archives nationales.

PHASE DU MATIN – LE COMBAT À MATTHEWS HILL.

Depuis 20 heures, Evans avait compris que l'attaque de Tyler n'était qu'une feinte. Désormais averti de l'approche de la colonne de flanc, il se déplaça rapidement pour la contrer. Laissant quatre compagnies de son commandement garder le pont avec deux pièces d'artillerie, il poussa vers le nord-ouest sur environ 1 700 mètres jusqu'à un point proche du croisement de la Warrenton Turnpike et de la route Manassas- Sudley . Là, vers 10 h 15, il ouvre le feu de l'artillerie et de l'infanterie sur l'avancée de la colonne fédérale dirigée par la brigade Burnside. Bientôt, le colonel Andrew Porter est venu en aide à Burnside. Aux abois après une vaillante attitude d'environ une heure, Evans a envoyé une demande urgente d'aide à Bee. Bartow était temporairement attaché à la brigade Bee avec deux régiments géorgiens. Avec son commandement, Bee avait déjà pris position sur Henry Hill, à partir duquel la batterie d'Imboden avait joué avec un effet révélateur sur la colonne flanquante de McDowell.

Bee avança rapidement, prenant position sur la droite de la ligne d'Evans vers 11 heures du matin. Ici, la force confédérée combinée d'environ cinq régiments avec six pièces de campagne tint obstinément jusqu'à environ midi. L'arrivée de nouveaux renforts fédéraux de Heintzelman, puis de Sherman et Keyes, augmenta tellement la pression sur la droite confédérée que ses défenses cédèrent. Avec impatience, les colonnes fédérales poussèrent leur avantage tandis que les confédérés désormais démoralisés se retiraient à travers Young's Branch jusqu'à l'abri de Robinson House Hill. Suivant de près, Keyes s'est déplacé vers l'aval et a pris position à l'abri des collines où il est resté pour prendre une part peu efficace aux combats ultérieurs au cours de la journée.

Dans une position proche de Robinson House, la Légion de Hampton, forte de 600 hommes, tenta courageusement de couvrir la retraite confédérée. L'attaque fédérale, cependant, les repoussa finalement grâce aux commandements désordonnés de Bee, Bartow et Evans.

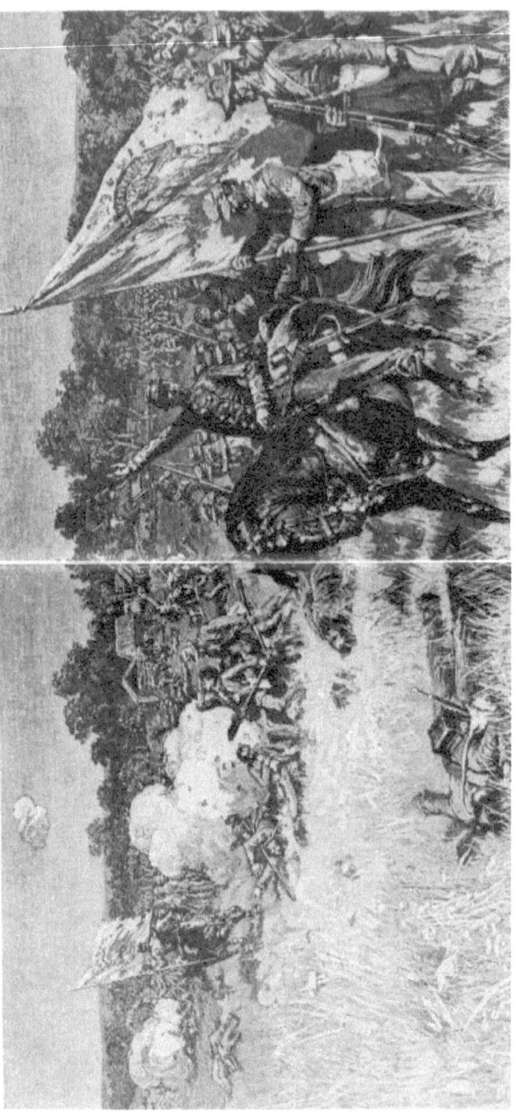

Officiers confédérés ralliant leurs troupes derrière la Maison Robinson lors de la première bataille de Manassas. Extrait de « Batailles et dirigeants de la guerre civile ».

Au milieu de la confusion sauvage qui s'ensuivit alors, alors que le sort de la bataille était en jeu, se produisit l'un des moments dramatiques de la guerre. Bee, tentant désespérément de rallier ses hommes, jeta un coup d'œil vers Henry Hill où il vit Jackson et son commandement debout, audacieux et résolus . Saisissant l'inspiration du moment, Bee se pencha en avant sur ses étriers et, avec une épée pointue, cria à ses hommes : « Regardez ! Il y a Jackson debout comme un mur de pierre ! Rassemblez-vous derrière les Virginiens ! Ainsi « Stonewall » Jackson a gagné son fameux surnom.

C'est vers cette époque que Johnston et Beauregard galopèrent sur le champ de bataille. En présence de leurs commandants, les hommes reprennent confiance. La ligne se raidit, se reforma et avança vers l'avant. Les renforts des brigades Cocke et Bonham, aux gués plus loin dans Bull Run, arrivaient maintenant rapidement. Rapidement à leur arrivée, ils furent envoyés en position à droite et à gauche de Jackson. Johnston se retira bientôt à Lewis House (« Portici »), où il dirigea le mouvement des renforts depuis l'arrière, tandis que Beauregard prenait immédiatement le commandement du terrain.

Il y eut maintenant une accalmie entre 13 heures et 14 heures alors que les troupes fédérales victorieuses traversaient la vallée de Young's Branch et se reformaient pour reprendre l'attaque.

PHASE APRES-MIDI.

Vers 14 heures, McDowell ordonna d'avancer aux deux splendides batteries régulières de Ricketts et Griffin, leur ordonnant de prendre une position exposée juste au sud de Henry House. À une distance d'à peine plus de 300 mètres, ces batteries furent bientôt engagées dans un furieux duel avec l'artillerie disposée devant Jackson. Pendant environ 15 minutes, le vacarme fut terrible. Finalement, dans le but d'obtenir un meilleur tir d'enfilade, Griffin avança légèrement trois de ses canons. Le mouvement s'est avéré fatal.

À ce moment, JEB Stuart fit charger une fringante cavalerie sur la route Manassas- Sudley , dispersant les zouaves de feu colorés qui avaient été avancés pour soutenir Ricketts et Griffin. Presque simultanément, le 33e régiment de Virginie avança. Pris par erreur par l'un des officiers fédéraux comme un support de batterie, il fut autorisé à s'approcher à moins de 70 mètres des canons de Griffin. Soudain, le régiment lança une volée meurtrière, qui tua la plupart des chevaux et des hommes des deux batteries. Les canons immobilisés furent saisis par les Virginiens, pour être repris par une vive avance fédérale. Lors de charges et de contre-charges passionnées, les armes ont changé de mains à plusieurs reprises, mais aucune des deux parties n'a été en mesure de les

utiliser efficacement. Leur perte face au commandement fédéral
était irréparable.

La pression fédérale devint si forte que Beauregard décida
d'attaquer. Alors que Jackson pénétrait au centre de la ligne
fédérale, la droite confédérée balayait la zone à proximité de
Robinson House. Cependant, dans une vaillante contre-charge,
les brigades de l'Union composées de Franklin, Willcox, Sherman
et Porter se sont précipitées pour récupérer le terrain perdu. Lors
de l'attaque, McDowell a fait preuve d'un courage imprudent en
grimpant à l'étage supérieur de la Henry House pour obtenir une
meilleure vue de l'ensemble du terrain.

L'assaut fédéral sur Henry Hill lors de la première bataille de Manassas.
Extrait de « Batailles et dirigeants de la guerre civile ».

La bataille faisait désormais rage avec une intensité croissante
alors que les deux camps se battaient désespérément pour la
possession du plateau – « la clé de la victoire ». Le poids de la
pression fédérale sur les flancs gauche et droit de Beauregard s'est
tellement accru qu'il a mis en danger toute sa position. Il était
maintenant environ 15 heures. Les rayons brûlants du soleil
frappaient impitoyablement les troupes épuisées tandis que
Beauregard, à ce stade critique, ordonnait une nouvelle attaque
générale sur toute la ligne. Juste à ce moment-là, le 6e régiment de
Caroline du Nord de Fisher arriva pour prendre position sur la
gauche confédérée. Avec Beauregard en tête, la ligne confédérée
s'avança pour dégager le terrain et reprendre la possession finale
des maisons Henry et Robinson.

Brick. Le général Joseph E. Johnston aux commandes de l'armée de Shenandoah. Avec la permission des Archives nationales.

Général Thomas J. « Stonewall » Jackson. Avec la permission des Archives nationales.

Malgré la perte du plateau, la position de McDowell restait solide. Sa droite étant ancrée dans les bois à proximité de la maison Chinn, sa ligne s'étendait en un grand croissant derrière la maison J. Dogan et la maison de pierre jusqu'à une position proche du pont de pierre. Cependant, la droite détenue par la brigade Howard et les troupes régulières de Sykes était devenue si étendue qu'elle faisait face presque à l'est, en direction de Centreville. Ainsi étendu, il invitait à une attaque que le commandement confédéré ne tarda pas à lancer. Les renforts, envoyés en avant par Johnston, avancèrent alors rapidement. En tête se trouvaient les 2e et 8e régiments de Caroline du Sud de Kershaw, suivis de la batterie de Kemper. Rapidement suivi de ces troupes vint celui d'Elzey brigade, 1 700 hommes. Cette brigade de l'armée de Johnston, débarquée quelques heures auparavant seulement, s'était avancée au bruit des tirs, dirigée par Kirby Smith. Au poids de ce nombre s'ajoutait encore une nouvelle brigade : celle d'Early. Se plaçant à gauche de la brigade d'Elzey , Early frappa la droite fédérale sur le flanc et l'arrière.

L'attaque combinée, lancée vers 15 h 45, s'est avérée écrasante. La ligne fédérale chancela et recula, se retirant à travers le terrain dans un semblant d'ordre. Un bref rassemblement au nord de Young's Branch a été interrompu par des tirs d'artillerie confédérés. Toutes les autres tentatives pour rallier les hommes se sont révélées vaines. Ils en avaient assez. Ils continuèrent à rentrer chez eux par les différentes routes empruntées par l'avancée du matin. Les réguliers de Sykes et l'escadron de cavalerie de Palmer couvraient courageusement la retraite.

Alors que le corps principal de l'armée fédérale se retirait en direction de Sudley Ford, la brigade de Keyes repassa au pont de pierre, poursuivie de près par un détachement confédéré dirigé par la batterie de Kemper. À cheval sur l'une des armes se trouvait le vénérable « haineux des Yankees », Edmund Ruffin, qui avait tiré l'un des premiers coups de feu sur Fort Sumter. Poussiéreux et fatigué, il était arrivé sur le terrain dans les derniers instants de la bataille, à temps pour héler la batterie de Kemper alors qu'elle passait. Désireux de tirer une nouvelle fois sur l'ennemi, il se tint précairement à son siège alors que la batterie passait en cahotant devant le pont de pierre et le long de la pique maintenant jonchée d'armes, d'accessoires, de musettes, de sacs à dos, de vêtements amples, de couvertures, de tambours et de cuivres. instruments de musique abandonnés par les troupes qui se retiraient rapidement.

La maison Robinson. D'après une photographie de guerre dans « Photographic History of the Civil War ».

Après avoir parcouru quelques kilomètres, les canons de Kemper atteignirent une élévation avantageuse. Là, ils furent dételés et rapidement prêts à tirer. Le premier coup de feu, tiré par le vieux Ruffin, a touché directement le pont suspendu au-dessus de Cub Run, renversant un chariot qui venait d'y rouler. Cela a servi à barricader le pont pour permettre une utilisation ultérieure par d'autres véhicules. Rapidement, d'autres coups de feu furent tirés. La panique totale s'empara alors des troupes fédérales alors qu'elles fuyaient dans une déroute sauvage vers Washington. Ajoutant à la confusion, les foules de touristes et de fugitifs se pressaient sur les routes étroites. Le rugissement du vol, écrit Russell, correspondant *du London Times* , était comme le bruit d'un grand fleuve. Toute la nuit et sous la pluie du lendemain, une marée de soldats et de civils afflua vers Washington. Les tentatives de McDowell pour rallier les soldats furent vaines.

Les confédérés épuisés et fatigués du combat n'ont entrepris aucune poursuite efficace. La brigade Early et la cavalerie de Stuart réussirent à capturer un certain nombre de prisonniers, mais la principale force de l'Union s'échappa. Le 22 juillet, les deux armées se retrouvèrent dans les positions qu'elles occupaient avant le 16.

EFFETS DU PREMIER MANASSAS.

La nouvelle du désastre fut d'abord accueillie dans la Capitale avec incrédulité et étonnement, puis avec consternation. Tout au long de la nuit, le président Lincoln reçut les spectateurs de la bataille et écouta en silence leurs descriptions de l'engagement.

«Pendant quelques jours», écrit Channing, «le Nord était abasourdi, les actions chutaient, l'argent montait et les gens restaient assis, les mains jointes, désespérés. Puis, presque comme par magie, la scène a changé et une détermination ferme a remplacé l'hystérie des Cent Jours depuis Sumter. Lincoln a appelé à des volontaires. Le meilleur sang du Nord, dans tous les rangs de la société, à l'Est, dans la vallée de l'Ohio et sur les rives des Grands Lacs, répondit. Les hommes nouveaux se sont lancés dans le conflit avec une détermination et un esprit rarement vus et jamais surpassés.

Dans le Sud, la nouvelle de la victoire a été accueillie avec une grande allégresse. Des sermons de Thanksgiving ont été prêchés depuis les chaires tandis que les responsables publics commémoraient l'événement par des proclamations de félicitations. De l'avis inconsidéré de nombreux sudistes, la guerre était terminée, mais rarement, voire jamais, une victoire aussi complète n'a donné de si maigres résultats. Une confiance excessive et un faux sentiment de sécurité ont provoqué dans le Sud une paralysie de l'entreprise plus préjudiciable que ne l'a été le désastre de la défaite du Nord.

Cependant, comme le souligne l'historien anglais Fuller, la bataille devait avoir une profonde influence sur la grande stratégie de la guerre. « Premièrement, cela a donné aux hommes politiques du Sud une idée exagérée des prouesses de leurs soldats et les a ainsi conduits à sous-estimer la capacité de combat de leur ennemi ; Deuxièmement, cela a tellement terrifié Lincoln et son gouvernement que, à partir de maintenant et jusqu'en 1864, à l'est des Alleghanies, la défense de Washington est devenue le pivot de la stratégie du Nord.

Même si les hommes de chaque armée avaient combattu avec des éclairs de fermeté et un courage exceptionnel, il existait de nombreuses preuves démontrant les conséquences coûteuses d'un entraînement inadéquat.

FÉDÉRAL CONFÉDÉRÉ

Force, approximative   35 000   32 000

VICTIMES

Tué	460	387
Blessés	1 124	1 582
Capturé ou disparu	1 312	13
Total	2 896	1 982

L'accalmie de l'hiver

Après la conclusion de la première campagne de Manassas, la guerre en Virginie « languit » jusqu'au printemps 1862. Le Nord, écorché par la défaite humiliante subie à Bull Run, se tourna désormais avec une détermination farouche vers la mobilisation de ses ressources et vers l'entraînement. des grandes forces terrestres nécessaires pour soumettre le Sud. Le major-général George B. McClellan, fraîchement sorti de ses victoires en Virginie occidentale, fut immédiatement appelé au commandement des forces fédérales autour de Washington. D'allure militaire et de comportement engagé, McClellan s'est avéré un choix populaire auprès de la nation et de l'armée. Avec un succès marqué, il lança un programme d'organisation et de formation de la grande armée du Potomac. Les recrues affluèrent désormais par milliers à Washington. En décembre, il y en avait 150 000 en formation ; au printemps, plus de 200 000.

Pendant ce temps, l'armée confédérée dirigée par Joseph E. Johnston restait campée à Centreville avec des avant-postes le long du Potomac. Jackson, avec un détachement, était stationné à Winchester. C'est à cette époque que Johnston établit une position très fortement fortifiée composée d'une ligne en forme de L de forts de terrassement et de batteries reliées par des tranchées d'infanterie qui s'étendaient le long des crêtes est et nord de Centreville sur une distance d'environ 5 milles. Peu à peu, à l'approche de l'hiver, des cabanes en rondins ou en planches furent construites pour servir de quartier d'hiver aux troupes. Celles-ci étaient situées de manière à permettre aux troupes d'accéder facilement aux fortifications.

Canons Quaker à Centreville. Les quartiers d'hiver confédérés sont représentés en arrière-plan. Photographie de guerre. Avec la permission des Archives nationales.

Avec la détérioration des routes, le problème de l'approvisionnement est devenu de plus en plus difficile. C'est alors que Johnston a construit un chemin de fer secondaire à partir de sa base de Manassas Junction. Ce fut l'un des premiers chemins de fer à être utilisé uniquement à des fins militaires.

L'incapacité de McClellan à agir contre Johnston a entraîné une réaction du public et de la presse. Richmond, plutôt que Centreville, devint désormais l'objectif fédéral immédiat. Apprenant un mouvement anticipé contre Richmond via Urbanna , Johnston, le 9 mars, se replie de Centreville pour prendre position au sud de Rappahannock, sa droite reposant à Fredericksburg et sa gauche à Culpeper Court House. Cela a forcé une modification du plan original de McClellan. Il décida alors de se déplacer par voie maritime jusqu'à la forteresse Monroe et de là de remonter la péninsule jusqu'à Richmond.

Le 17 mars, l'armée fédérale embarque d'Alexandrie. McClellan avait prévu le recours à une force d'environ 155 000 hommes. Les brillantes opérations de « Stonewall » Jackson dans la vallée de Shenandoah au cours des quatre mois suivants alarmèrent cependant le président Lincoln au point de l'amener à immobiliser près de 40 000 soldats de McDowell à Fredericksburg pour sécuriser les défenses de Washington. Ceci, combiné à la détention des renforts attendus de Banks dans la vallée, réduisit la force de McClellan à environ 100 000 hommes, minimisant ainsi considérablement ses chances de succès. Rarement une force aussi petite que celle de Jackson (environ 16 000 hommes) n'a autant influencé le résultat final d'une opération militaire majeure.

Johnston, entre-temps, avait renforcé Magruder à Yorktown. Le 4 mai, la ville fut évacuée et le lendemain, une action d'arrière-garde réussie fut menée à Williamsburg, couvrant le retrait confédéré vers Richmond. L'armée fédérale suivit par terre et par eau jusqu'à la Maison Blanche sur le Pamunkey où, le 16 mai, McClellan installa son quartier général. Le lendemain, les forces fédérales reprirent leur avance sur Richmond.

Rassemblant une force de quelque 63 000 hommes, Johnston décida alors d'attaquer. Le 31 mai, lors de la bataille de Seven Pines, suivie de la bataille de Fair Oaks le lendemain, les confédérés furent repoussés et Johnston fut grièvement blessé. Le commandement de l'armée de Virginie du Nord revient désormais à Robert E. Lee, commandement auquel il ne renoncera pas avant la fin de la guerre. En deux semaines, les défenses de Richmond furent renforcées et le moral des troupes s'améliora considérablement.

Le 25 juin, Lee avait rassemblé une force d'environ 90 000 hommes, y compris le commandement victorieux de Jackson depuis la vallée. Le lendemain, il lance sa grande contre-offensive. Dans une série d'opérations désespérément contestées, connues sous le nom de batailles des sept jours avant Richmond, McClellan fut contraint de reculer sur Harrison's Landing sur le James. Bien que la campagne ait coûté cher en pertes confédérées, Lee a sauvé Richmond et a doté son armée d'un sentiment d'invincibilité.

Le major-général John Pope, commandant de l'armée fédérale, deuxième bataille de Manassas. Avec la permission des Archives nationales.

Le général Robert E. Lee, commandant de l'armée de Virginie du Nord. Avec la permission des Archives nationales.

Le pape se concentre derrière le Rapidan

L'échec de Fremont, Banks et McDowell dans la vallée de Shenandoah a convaincu le président Lincoln de l'opportunité de consolider leurs armées sous un seul chef. Par ordre du 26 juin, l'« Armée de Virginie » fut créée et le commandement fut confié au major-général John Pope, qui avait récemment remporté des succès en Occident. Peu de temps après, le général Henry W. Halleck fut rappelé de l'Ouest pour être nommé général en chef des armées fédérales.

Pope fut chargé de couvrir Washington, de protéger la vallée de Shenandoah et d'opérer ainsi contre les communications confédérées à Gordonsville et Charlottesville afin de retirer de lourds détachements de Richmond, soulageant ainsi la pression sur McClellan . Le 14 juillet, Pope ordonna une avance sur Gordonsville. Lee, anticipant le mouvement, avait ordonné à Jackson d'en arriver là la veille.

Le 7 août, Jackson, renforcé par AP Hill, se dirigea vers Culpeper dans l'espoir de capturer la ville et de l'utiliser dans une série d'opérations contre Pope. Deux jours plus tard, il tomba sur Banks à Cedar Mountain lors d'une rencontre brutale mais indécise.

Lee apprend alors que McClellan a reçu l'ordre d'évacuer la péninsule et de renforcer Pope. Conscient de la nécessité de frapper Pope avant qu'il puisse être rejoint par des renforts aussi lourds, Lee se déplaça avec le corps de Longstreet pour renforcer Jackson. La force de Pope comptait désormais environ 47 000 hommes, tandis que Lee en comptait environ 55 000.

Le centre de Pope était maintenant à Cedar Mountain, sa droite à Robertson's River et sa gauche près de Raccoon Ford sur le Rapidan. Ainsi stationnée, son armée se trouvait juste en face de Gordonsville, où les forces de Jackson étaient récemment arrivées. Sur Clark's Mountain (une haute colline en face de la gauche de Pope), les Confédérés avaient établi une station de signalisation. De là, s'étendant sur des kilomètres, on pouvait voir les tentes blanches du campement fédéral parsemant les plateaux de Culpeper. Les éperons de Clark's Mountain étaient parallèles au Rapidan jusqu'à Somerville Ford, situé à environ 2 miles de Raccoon Ford.

Lee n'a pas tardé à apprécier l'avantage que lui offrait cette topographie. En massant ses troupes derrière Clark's Mountain, il pourrait se déplacer sous son écran protecteur, tomber sur la gauche de Pope à Somerville Ford et interrompre sa retraite vers Washington. L'occasion offrait de brillantes possibilités de succès et le 18 août fut fixé comme date du lancement du mouvement. Des retards imprévus ont reporté le mouvement au 20. Pire encore pour les Confédérés, l'adjudant général de Stuart fut capturé, porteur d'une copie de l'ordre de Lee.

Ainsi prévenu, Pope retire son armée derrière le Rappahannock. Lee suivit de près le 20, traversant la rive nord de la rivière. Pope a pris une position avantageuse où il est resté stable pendant 5 jours de feintes et de démonstrations alors que Lee cherchait avec impatience une ouverture sur la droite. Entre-temps, Stuart avait capturé le quartier général de Pope. Ainsi, Lee apprit que 20 000 hommes, composant les corps de Heintzelman et Porter et la division Reynolds, se trouvaient à 2 jours de marche du front. Dans les cinq jours, d'autres renforts attendus augmenteraient les effectifs de Pope à environ 130 000 hommes.

La situation était si désespérée qu'elle exigeait une solution audacieuse. Rapidement, Lee prit sa décision. Jackson, avec la cavalerie de Stuart comprenant environ 24 000 hommes, devait être envoyé sur un large mouvement de flanc de la droite de Pope dans le but de détruire ses communications avec Washington. Commentant cette décision, Henderson, le biographe anglais de

Jackson, déclare : « Nous avons à notre connaissance peu d'entreprises aussi audacieuses ».

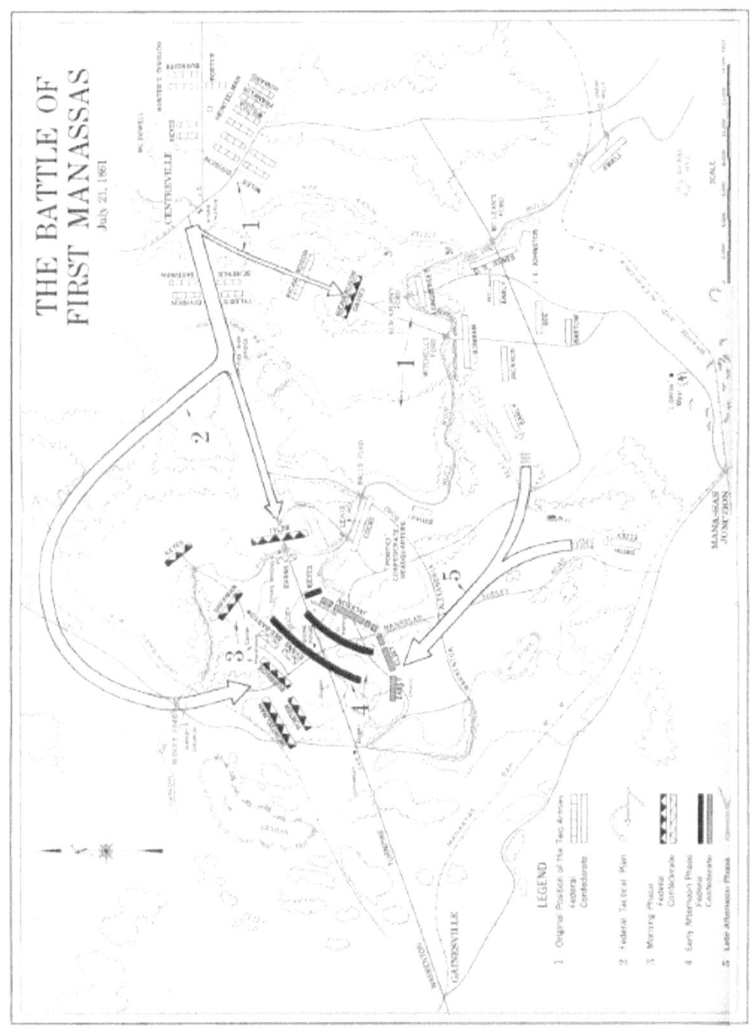

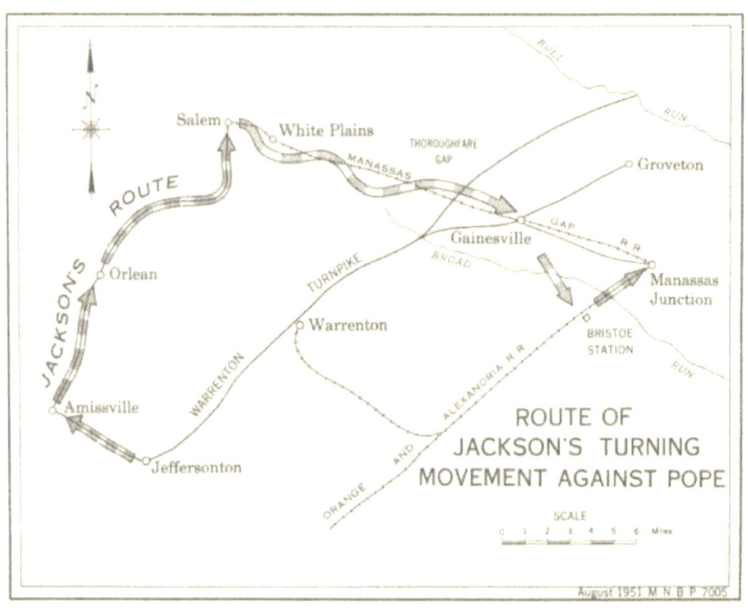

Jackson et sa cavalerie à pied. Tiré du tableau de Hoffbauer à Battle Abbey, Richmond, Virginie. Avec l'aimable autorisation de la Virginia Historical Society.

Avec Lee et Longstreet couvrant la ligne du Rappahannock, Jackson commença sa marche depuis Jeffersonton le 25 août. Il traversa Amissville et Orléans pour bivouaquer cette nuit-là à Salem. Le lendemain, il a dépassé Thoroughfare Gap et

Gainesville jusqu'à Bristoe. Jamais la « cavalerie à pied » n'a mieux mérité son nom, car en 2 jours elle a parcouru environ 51 milles. Cette nuit-là, Jackson envoya Stuart et deux régiments à Manassas Junction pour capturer la grande base de ravitaillement de Pope. La tâche a été accomplie avec peu d'effort.

Les troupes de Jackson pillent les fournitures fédérales à Manassas Junction juste avant la deuxième bataille de Manassas. Extrait de « Batailles et dirigeants de la guerre civile ».

Le lendemain, Jackson quitta Ewell pour couvrir l'arrière à Bristoe
et se déplaça avec le reste de son commandement à Manassas
Junction. S'ensuivit alors une scène de festin et de pillage dont on
a rarement assisté. Les sacs à dos, les musettes et les cantines
étaient remplis d'articles de toutes sortes. Aux vastes quantités de
fournitures du quartier-maître et de l'intendance s'ajoutaient
d'innombrables produits de luxe provenant des magasins de
bouchers, notamment des liqueurs coûteuses et des vins importés.
Un témoin oculaire écrit : « Voir un homme affamé manger de la
salade de homard et boire du vin du Rhin , pieds nus et en
lambeaux, était curieux ; tout cela est indescriptible. Ce qui ne
pouvait être mangé ou emporté a finalement été mis au flambeau.
Avec la destruction de ces approvisionnements, l'un des
principaux objectifs de la campagne avait été atteint.

Deuxième bataille de Manassas (VOIR CARTE PAGES 28-29 .)

PREMIÈRE PHASE—BRISTOE ET MANASSAS, 27 AOÛT.

Pope, désormais averti de la présence de Jackson sur ses arrières, ordonne immédiatement une concentration de ses forces afin de l'écraser. Les corps de McDowell et Sigel, ainsi que la division Reynolds, devaient se déplacer à Gainesville, tandis que le corps de Reno, avec la division Kearny du corps Heintzelman, devait se concentrer à Greenwich. Grâce à ces dispositions, Pope espérait intercepter tous les renforts arrivant à Jackson via Thoroughfare Gap. Avec la division Hooker du corps de Heintzelman, Pope se déplaça le long de la voie ferrée jusqu'à Manassas Junction.

Dans l'après-midi du 27 août, Hooker attaqua Ewell et le repoussa sur Bristoe. Pendant la nuit, Ewell se retira à Manassas où il rejoignit le reste des forces de Jackson. Pope apprit alors pour la première fois que l'ensemble du commandement de Jackson était à Manassas. De nouveaux ordres de concentration ont alors été émis. Porter reçut l'ordre de marcher à 1 heure du matin le 28 depuis Warrenton Junction et d'être en position à Bristoe à la lumière du jour. McDowell, Sigel et Reno devaient se mouvoir à l'aube sur Manassas Junction, tandis que Kearny devait avancer à la même heure sur Bristoe.

Vers 3 heures du matin, le 28 août, Jackson a commencé à quitter Manassas en direction de Groveton. Afin de mystifier et d'induire Pope en erreur, il envoya Taliaferro le long de la route Manassas-Sudley, Ewell le long de la route Centreville via Blackburn's Ford et le pont de pierre jusqu'à Groveton, et AP Hill jusqu'à Centreville et de là le long de Warrenton Pike jusqu'à une position près de l'église de Sudley . .

Se déplaçant avec la division Kearny, Pope arriva à Manassas Junction à midi et trouva la ville déserte. Plus tard dans la journée, on apprit que les Confédérés avaient été aperçus à Centreville. Pope ordonna alors une concentration à cet endroit, croyant que toutes les forces de Jackson s'y trouvaient. Les corps de Heintzelman et de Reno se déplaçaient le long de Centreville Road ; Sigel et Reynolds le long de la route Manassas- Sudley ; Division King du corps McDowell le long du Warrenton Pike.

Les troupes de Longstreet escarmouches à Thoroughfare Gap. De « Manassas à Appomattox ».

DEUXIÈME PHASE—GROVETON, 28 AOÛT.

Jackson s'était concentré peu de temps auparavant au nord de l'autoroute à péage lorsqu'on apprit que la colonne fédérale de King approchait de Gainesville. Il fallait maintenant prendre une décision rapide. Permettre à King de passer sans encombre irait à l'encontre du but de la campagne en permettant à Pope d'occuper une position imprenable sur les hauteurs de Centreville. Attaquer, sans assurance quant à l'heure à laquelle Longstreet arriverait, revenait à inviter l'ensemble des forces de Pope à l'assaut, avec des conséquences potentiellement fatales. Sans hésitation, il ordonna aux divisions Taliaferro et Ewell d'avancer. S'ensuivit un combat acharné et acharné qui entraîna de lourdes pertes des deux côtés. Finalement, vers 21 heures, King se replie vers Manassas.

Entre-temps, Longstreet avait atteint Thoroughfare Gap vers 15 heures le même jour et se retrouva bloqué par les troupes fédérales dirigées par Ricketts. Déjouant son adversaire via Hopewell Gap, il le força à se replier sur Gainesville. Cette nuit-là, sans informer Pope de leurs intentions, King et Ricketts décidèrent de se diriger vers Manassas. Cela a permis à Longstreet d'effectuer une jonction facile avec Jackson dans l'après-midi du lendemain.

TROISIÈME PHASE – BATAILLE PRINCIPALE, 29-30 AOÛT.

Lorsque Pope apprit l'engagement de Groveton , il décida à tort que King avait rencontré le chef de la colonne de Jackson en retraite. Confiant dans son succès, il ordonna une concentration de ses troupes fatiguées pour écraser la force confédérée. Sigel et Reynolds devaient attaquer à l'aube, renforcés par Heintzelman et Reno. McDowell et Porter reçurent l'ordre d'inverser leur cap et de pousser vers Gainesville dans le but d'interrompre la retraite de Jackson. Le texte de cette ordonnance dite « Ordre conjoint », reçu vers midi, se lit comme suit :

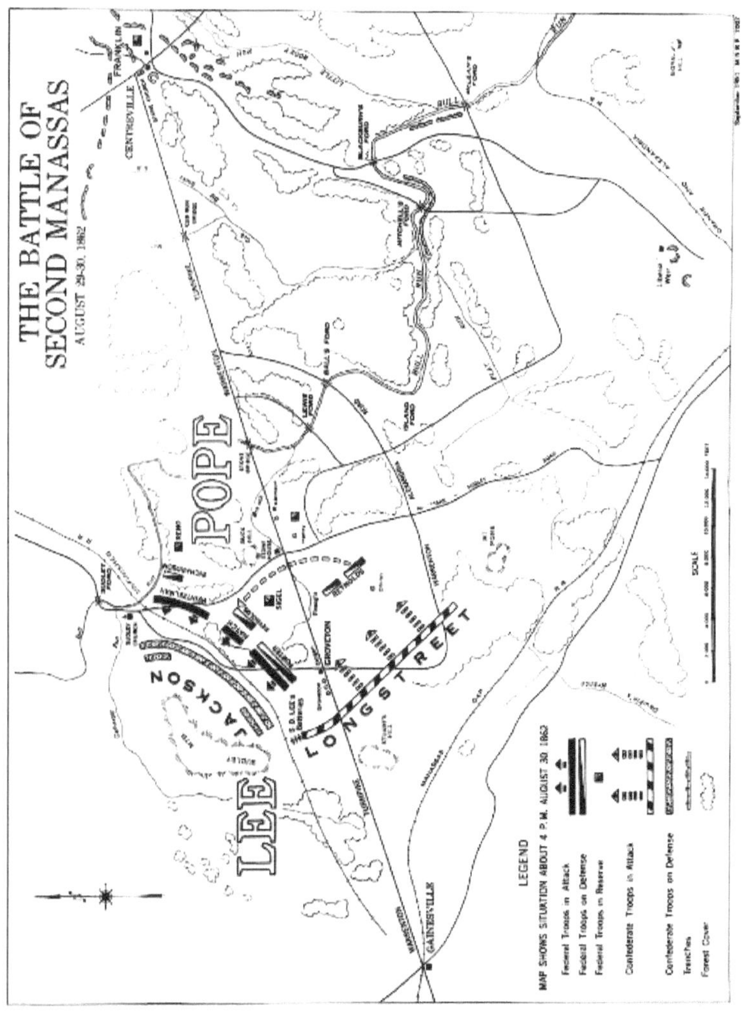

QUARTIER GÉNÉRAL DE L'ARMÉE DE VIRGINIE *Centreville*, 29 août 1862.

Généraux McDowell et Porter :

Veuillez avancer avec vos commandements conjoints vers Gainesville. J'ai envoyé des ordres écrits à cet effet au général Porter il y a une heure et demie. Heintzelman, Sigel et Reno se déplacent sur l'autoroute à péage de Warrenton et doivent maintenant être non loin de Gainesville. Je désire que dès que la communication sera établie entre cette force et la vôtre, tout le commandement s'arrêtera. Il sera peut-être nécessaire de se replier derrière Bull Run à Centreville ce soir. Je présume qu'il en sera ainsi, à cause de nos approvisionnements...

Si l'on peut obtenir des avantages considérables en s'écartant de cet ordre, celui-ci ne sera pas strictement appliqué. Il faut avoir une chose à l'esprit, c'est que les troupes doivent occuper une position d'où elles peuvent atteindre Bull Run ce soir ou le matin. Tout porte à croire que toutes les forces ennemies se déplacent dans cette direction à un rythme qui les amènera ici demain soir ou le lendemain. Mon propre quartier général sera pour le moment au corps d'Heintzelman ou à cet endroit.

Jnon . Le pape, *Major-général, commandant.*

Avant la réception de « l'Ordre conjoint », Porter avait inversé sa route vers Centreville et s'était déplacé jusqu'à Dawkin's Branch, située à environ 3 milles de Gainesville. Trouvant les confédérés fortement postés sur son front, il déploya une brigade de sa division de tête et attendit. McDowell, arrivé peu de temps après, lui montra une dépêche qu'il avait reçue quelques minutes auparavant de Buford, qui commandait la cavalerie de l'Union sur la droite. La dépêche indiquait que 17 régiments, 1 batterie et 500 cavaliers avaient traversé Gainesville vers 8 h 45. Il s'agissait de l'avancée du commandement de Longstreet qui avait quitté Thoroughfare Gap tôt ce matin-là et maintenant, suivi de lourds renforts, se mettait en position sur Jackson à droite (devant Porter).

Cette information, estimaient les généraux, n'était pas parvenue à Pope. Après une conférence, il fut décidé que face à ce nouveau développement, ils profiteraient de la latitude accordée par l'ordre : McDowell se dirigerait vers Groveton, tandis que Porter resterait à proximité de sa position actuelle.

Le calme relatif dans ce secteur contrastait fortement avec les violents combats qui se déroulaient actuellement le long du front de Jackson. Avec environ 18 000 fantassins et 40 canons, Jackson avait pris position le long d'une voie ferrée inachevée qui s'étendait de près de Sudley Springs à 2 milles au sud-ouest jusqu'à Groveton. Les pentes et les tranchées de cette route fournissaient des retranchements prêts à l'emploi et constituaient une position très solide. Là, peu après le lever du soleil, les colonnes de Sigel et de Reynolds furent vues à distance se déployer pour l'attaque. Vers 7 heures du matin, les batteries fédérales ouvrent le feu. Vers 10h30, plusieurs escarmouches violentes avaient eu lieu, mais aucun assaut général n'avait été lancé. À peu près à cette époque, les renforts fédéraux de Reno et Kearny atteignirent le terrain. Ce n'est cependant qu'à 14 heures que la bataille atteint son paroxysme. Tout l'après-midi, au cours d'attaques violentes mais non coordonnées, les colonnes bleues attaquèrent vaillamment la ligne de Jackson. À un moment donné, la gauche confédérée a été repoussée dangereusement près du point de rupture, mais la ligne grise s'est stabilisée et a tenu. Vers le crépuscule, la division King, du corps de McDowell, arriva à temps pour prendre part à l'action, engageant une partie du commandement de Longstreet qui avançait alors en reconnaissance.

Le major-général Fitz-John Porter, commandant du cinquième corps d'armée lors de la deuxième bataille de Manassas. Avec l'aimable autorisation de la Bibliothèque du Congrès.

Pope, ignorant toujours l'arrivée de Longstreet sur le terrain, envoya en fin de journée à Porter l'ordre suivant pour attaquer immédiatement la droite de Jackson :

QUARTIER GÉNÉRAL SUR LE TERRAIN , *29 août* — 16h30

Major-général Porter :

Votre ligne de marche vous amène sur le flanc droit de l'ennemi. Je désire que vous passiez immédiatement en action sur le flanc de l'ennemi et, si possible, sur ses arrières, en gardant votre droite en communication avec le général Reynolds. L'ennemi est massé dans les bois devant nous, mais peut être bombardé dès que vous engagez son flanc. Conservez de grosses réserves et utilisez vos batteries en les gardant toujours bien fermées à votre droite. Au cas où vous seriez obligé de vous replier, faites-le sur votre droite et vers l'arrière, de manière à rester en communication étroite avec l'aile droite.

Jean Pape, *Major-général, commandant.*

Cet ordre, daté de 16h30, fut reçu par Porter à l'église de Bethléem vers 18h30. Dès réception de l'ordre, Porter envoya immédiatement son chef d'état-major, Locke, pour ordonner à la division Morell d'attaquer. Peu de temps après, Porter se rendit au front pour trouver les préparatifs de Morell pour l'attaque terminés. Cependant, à ce moment-là, il était si tard que Porter décida d'annuler l'ordonnance. [1]

Pendant la nuit, les Confédérés se retirèrent des positions avancées acquises pendant la journée vers leur ligne de bataille d'origine. Ce fait a été découvert par McDowell et Heintzelman lors d'une reconnaissance dans la soirée du 29 et confirmé par les prisonniers fédéraux libérés sur parole le lendemain matin. Cela a conduit Pope à supposer à tort que Lee était en retraite vers Thoroughfare Gap. Immédiatement, des plans furent lancés pour lancer une poursuite vigoureuse. A minuit, l'ordre suivant a été émis :

SIÈGE SOCIAL, PRÈS DE GROVETON , *30 août* 1862-12 M.

Commandes spéciales, n°—

Les forces suivantes seront immédiatement lancées à la poursuite de l'ennemi et le presseront vigoureusement pendant toute la journée. Le major-général McDowell est affecté au commandement de la poursuite ; Le corps du major-général Porter avancera sur l'autoroute de Warrenton, suivi des divisions des brigadiers-généraux King et Reynolds. La division du Brigadier-Général Ricketts poursuivra la route du Hay Market, suivie du corps du Major-Général Heintzelman....

Le 30, à 3 heures du matin, Porter reçut la dépêche de Pope lui ordonnant de faire marcher immédiatement son commandement vers le champ de bataille de la veille. Conformément à cet ordre, il se retira rapidement de sa position face à Longstreet et marcha rapidement le long de Sudley Road jusqu'au centre du champ de bataille où il se présenta à Pope pour obtenir des ordres. Bien que ce mouvement ait renforcé le centre, il a dangereusement affaibli la gauche fédérale.

À partir de sa gauche contractée près de Groveton, la ligne fédérale s'étendait désormais sur environ 3 milles jusqu'à Bull Run près de Sudley Church. La ligne confédérée opposée mesurait environ 4 milles de long. Jackson tenait la gauche le long de la voie ferrée inachevée, tandis que Longstreet tenait la droite, le corps principal de ses troupes étant « courbé vers l'avant » au sud de Warrenton Pike. Une forte concentration d'artillerie était placée sur les hauteurs entre les deux ailes. Ces canons commandaient les champs ouverts et l'étendue de bois près de la droite et du centre de Jackson.

Les préparatifs terminés vers le milieu de l'après-midi, les colonnes fédérales de Porter et Heintzelman avancèrent sur trois lignes de profondeur, précédées d'un essaim de tirailleurs et soutenues par de grandes masses d'hommes et de canons à l'arrière. Un calme étrange régnait dans les champs alors que les troupes sans méfiance avançaient. Derrière leur couverture protectrice, les Confédérés regardaient les lignes se rapprocher ; puis soudain, ils ouvrirent sur eux un rapide feu d'artillerie. Instantanément, les clairons de l'infanterie sonnèrent l'alarme, alertant les hommes de Jackson de l'action. La ligne d'avance fédérale s'est arrêtée et a reculé en titubant. D'autres brigades ont rapidement avancé pour être brisées par la force ratissante du feu.

Certains des confédérés de Jackson, leurs munitions épuisées, lançaient des pierres sur les fédéraux qui avançaient, pendant la deuxième bataille de Manassas. Extrait de « Batailles et dirigeants de la guerre civile ».

Bientôt, il devint évident que le principal assaut fédéral était dirigé par Porter et Hatch contre la droite et le centre de Jackson tenus par les divisions Starke et Lawton. Dans un style vaillant, une troisième ligne s'avança et pressa impétueusement l'attaque. La force de ce mouvement en avant repoussa la célèbre brigade Stonewall, mais plus tard elle rétablit ses lignes dans une contre-charge désespérée. De violents combats rapprochés s'ensuivirent alors. À un moment donné de leur ligne, près d'une section de la voie ferrée connue sous le nom de « Deep Cut », les vétérans de Jackson, les munitions épuisées, repoussèrent partiellement une attaque avec des pierres provenant du talus.

Finalement, la pression devint si forte que Jackson envoya une demande urgente de renforts. Lee ordonna alors d'avancer une brigade du commandement de Longstreet. Anticipant la demande, Longstreet avait déjà avancé les batteries de Stephen D. Lee, qui ouvraient maintenant un feu dévastateur sur les colonnes fédérales à droite et au centre de Jackson. L'effet fut dévastateur. En quinze minutes, tout l'aspect de la bataille avait changé.

Peu de temps après que les brigades fédérales eurent engagé Jackson le long de la voie ferrée inachevée, Pope avait ordonné à la division Reynolds de sa gauche à Bald Hill de monter et de soutenir l'attaque sur la droite. Le poids de ses effectifs s'est cependant révélé insuffisant pour endiguer la vague de retraite qui s'était alors installée. Rapidement, Jackson a ordonné à deux brigades de lancer une contre-attaque, faisant avancer son artillerie à mesure que l'infanterie avançait.

Le transfert de la division Reynolds avait encore une fois fortement affaibli la gauche fédérale. Lee a vu cela et s'est rendu compte que c'était enfin l'occasion qu'il attendait. L'ordre fut immédiatement envoyé à Longstreet pour livrer la contre-attaque. Tous les régiments, batteries et escadrons des deux ailes de l'armée devaient être employés. Par le simple poids du nombre , l'attaque devait être repoussée par vagues d'assaut successives, s'empilant les unes sur les autres.

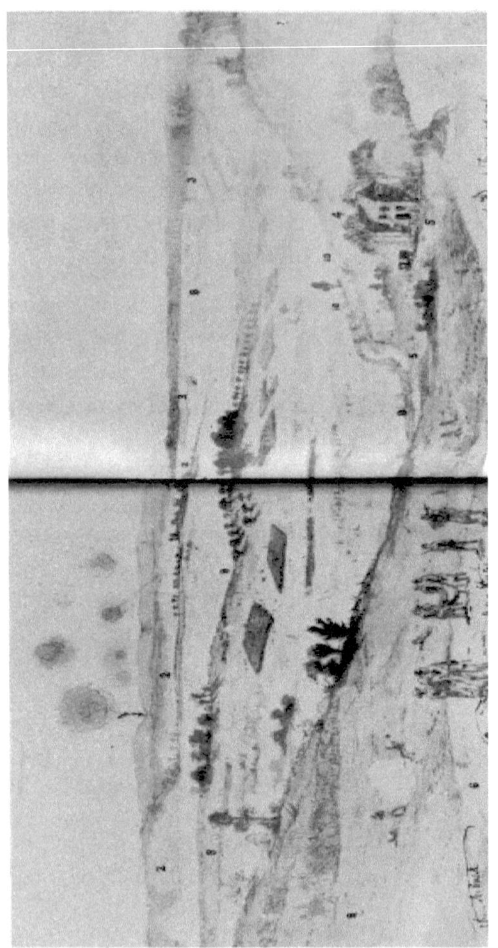

« La bataille de Groveton ou Second Bull Run entre l'armée de l'Union commandée par le général. Pape et Con. Armée sous le général. Robert E. Lee. Croquis de Bald Face Hill samedi après-midi à trois heures et demie... En direction du village de Groveton. » D'après un croquis original de guerre, avec titre de E. Forbes. Avec l'aimable autorisation de la Bibliothèque du Congrès.

Note. L'artiste a identifié les points suivants :

« 1. Thoroughfare Gap à travers lequel Genl. L'armée de Lee est passée.

2. Ligne de bataille des Rebs .

3. L'ancien remblai RR derrière lequel le Con. ont été postés.

4. La vieille maison en pierre sur l'autoroute à péage utilisée comme hôpital.

5. Autoroute Warrenton.

6. Colline à visage chauve.

7. Henri Hill.

8. Ligne de bataille de l'Union.

9. Le corps de McDowell se déplace vers le flanc gauche pour repousser l'attaque de Longstreet qui venait de commencer.

10. Route de Sudley Springs. »

Encore une fois, Longstreet avait anticipé l'ordre auquel il se préparait depuis l'aube. Les longues lignes grises de l'infanterie, rétives à la mêlée, avancèrent maintenant dans un assaut furieux. En avance arrivaient les Texans de Hood, leurs couleurs rougeoyantes sous le soleil du soir. Au-dessus du rugissement tonitruant de l'artillerie et du bruit de la bataille, on pouvait entendre les cris aigus des rebelles qui résonnaient dans la vallée de Groveton. L'excitation était si intense que les officiers ne parvenaient qu'avec la plus grande difficulté à retenir leurs hommes. Les divisions Anderson, Kemper et DR Jones ont rapidement progressé en soutien. À travers les champs vallonnés, l'attaque a poussé pour gagner le promontoire de Chinn Ridge malgré une défense obstinée des brigades de l'Union de McClean, Tower et Milroy, tandis que les vétérans de Jackson ont réussi à attaquer Buck Hill.

Sur Henry Hill, poignant par les souvenirs de l'année précédente, étaient désormais rassemblés les divisions de Reynolds, les réguliers de Sykes et d'autres troupes disponibles. Avec un courage et une bravoure à la hauteur de la crise de la bataille, ils repoussèrent les assauts confédérés répétés qui se poursuivirent jusqu'à la nuit tombée. La défense réussie de Henry Hill a rendu possible la retraite de Pope par Bull Run, par le pont de pierre et d'autres gués, jusqu'aux solides défenses du plateau de Centreville.

Le « Deep Cut » où les troupes de Porter ont fait une vaillante tentative pour la victoire. Ici, un drapeau fédéral a tenu sa position pendant une demi-heure à moins de 10 mètres d'un drapeau régimentaire confédéré. Il tomba six fois, pour ensuite se relever. Extrait de « Batailles et dirigeants de la guerre civile ».

QUATRIÈME PHASE—CHANTILLY, 1ER SEPTEMBRE.

Considérant la position de Centerville comme défavorable à une attaque, Lee envoya Jackson par Sudley Ford au Little River Turnpike dans le but de tourner la droite fédérale et de menacer les communications avec Washington. Le mouvement, cependant, fut anticipé par Pope, et les divisions Stevens et Kearny furent envoyées pour le freiner. Dans une lutte acharnée, menée sous une pluie torrentielle à Chantilly le 1er septembre, Stevens et Kearny furent tués ; mais Jackson fut repoussé. Au cours des deux jours suivants, le pape se retira sous les défenses de Washington.

La retraite fédérale sur le pont de pierre le samedi soir 30 août 1862. Extrait de « Batailles et dirigeants de la guerre civile ».

RÉSULTATS DE LA DEUXIÈME BATAILLE DE MANASSAS.

Second Manassas offre un contraste intéressant avec la bataille
d'ouverture qui avait opposé deux armées de volontaires bruts et
indisciplinés luttant courageusement mais hésitant pour la
suprématie. Les premiers volontaires avaient désormais été
remplacés par des vétérans chevronnés, endurcis par des mois de
campagne acharnée. La campagne qui venait de se terminer avait
été destinée à mettre à l'épreuve au maximum l'endurance et la
discipline des hommes dans les rangs des deux armées – une
épreuve qu'ils avaient affrontée avec bravoure et grand honneur.
Contrairement à la déroute de First Manassas, l'armée fédérale qui
se retira désormais sur Washington était une machine de combat
fatiguée mais provocante. Sa défaite avait été accomplie grâce à
une audace exceptionnelle, combinée à une habile coordination
des commandements confédérés. Jouant avec de longues chances,
Lee avait réussi à retirer quelque 150 000 soldats d'invasion des
profondeurs de la Virginie et à inverser la menace d'une attaque
imminente contre la capitale adverse.

Commentant la bataille, Henderson, le soldat et historien anglais,
écrit :

> ... Si, comme l'affirme Moltke, la jonction de deux armées sur
> le champ de bataille est la plus haute réalisation du génie
> militaire, la campagne contre Pope a rarement été surpassée ;
> et la grande contre-attaque de Manassas suffit à elle seule à faire
> de Lee une réputation de tacticien... Ce n'est pas grâce à
> l'habileté de Lee que Pope a affaibli sa gauche au moment de
> la crise de la bataille. Mais par la rapidité avec laquelle l'occasion
> fut saisie, par la combinaison des trois armes et par la vigueur
> du coup, Manassas n'est en rien inférieur à Austerlitz ou à
> Salamanque.

Ce brillant succès contribua grandement à compenser les revers
confédérés à l'Ouest : la perte du Missouri, les défaites des forts

Henry et Donelson, Shiloh et la chute de Nashville, de la Nouvelle-Orléans et de Memphis. Contrairement à l'inactivité qui a suivi le Premier Manassas, Lee a pressé sa victoire par la première invasion du Nord. Le 4 septembre, il commença à déplacer ses troupes à travers le Potomac dans l'espoir de gagner le soutien du Maryland et éventuellement la reconnaissance de la Confédération par les puissances étrangères. Cependant, lors de la bataille désespérément menée d'Antietam, le 17 septembre, à Sharpsburg, dans le Maryland, ces espoirs furent anéantis par McClellan, désormais revenu au commandement fédéral.

	FÉDÉRAL	CONFÉDÉRÉ
Force (*env.*)	73 000	55 000
VICTIMES		
Tué	1 747	1 553
Blessés	8 452	7 812
Capturé ou disparu	4 263	109
Total	14 462	9 474

La guerre après le deuxième Manassas

D'Antietam, Lee se retira en Virginie. Avec l'arrivée des neiges hivernales, il repoussa dans le sang le major-général Ambrose E. Burnside lors de la bataille de Fredericksburg, le 13 décembre 1862. Au printemps, les armes confédérées obtinrent un brillant succès dans la défaite du major-général Joseph E. Hooker en la bataille de Chancellorsville, du 1er au 6 mai 1863. Capitalisant sur sa victoire, Lee envahit de nouveau le Nord. À Gettysburg, du 1er au 3 juillet, il fut vaincu par le major-général George Gordon Meade. Le lendemain vit la fin de l'une des opérations les plus brillantes et décisives de la guerre avec la reddition de Vicksburg au major général Ulysses S. Grant. Sa chute a coupé la Confédération en deux et a ouvert le Mississippi au commerce et au contrôle fédéral. De la force révélatrice de ces coups simultanés, la Confédération ne s'est jamais remise.

Le 9 mars 1864, Grant fut placé au commandement suprême de toutes les armées fédérales. Aujourd'hui plus que jamais, toutes les forces et ressources de la république étaient mobilisées pour lancer simultanément une grande offensive sur tous les fronts. S'attachant à l'armée de Meade, Grant franchit le Rapidan le 4 mai pour lancer sa campagne terrestre contre Richmond, tandis que Sherman entamait la fameuse marche qui devait le mener jusqu'à Atlanta et la mer.

Dans les batailles âprement disputées du palais de justice de Wilderness et de Spotsylvania, respectivement du 5 au 6 et du 8 au 21 mai, Grant réussit en grande partie à détruire la puissance offensive de Lee, le forçant à se retirer à Richmond. Repoussé avec de lourdes pertes à Cold Harbor, le 3 juin, Grant se dirigea de nouveau vers Petersburg pour rencontrer l'armée de Lee.

Dix mois de siège suivirent alors que Grant coupait méthodiquement la bouée de sauvetage confédérée . Le 2 avril, Lee évacue Petersburg dans l'espoir d'atteindre le chemin de fer de Danville et éventuellement d'effectuer une jonction avec les forces de Johnston en Caroline du Nord. La poursuite de Grant, cependant, fut rapide et implacable. La coupure de la voie d'évacuation par la ligne Danville et la défaite désastreuse d'une grande partie de son armée lors de la bataille de Sayler's Creek ont forcé Lee à se déplacer plus à l'ouest jusqu'au palais de justice d'Appomattox. Là, au crépuscule du 8 avril, le cercle grandissant des feux de camp fédéraux fit comprendre que la fin était atteinte. Le lendemain, Lee se rendit aux conditions magnanimes de Grant. Le 26 avril, Johnston céda à Sherman et en juin, toutes les unités isolées des forces confédérées avaient déposé les armes.

Vue nord-ouest sur Henry Hill. L'actuelle Henry House est visible au centre de l'arrière-plan.

Ce guide a été élaboré pour permettre au visiteur de mieux identifier et apprécier les principaux points d'intérêt historique des deux champs de bataille. Bien qu'il existe d'autres emplacements importants sur la propriété du parc et sur des terres privées adjacentes, ceux énumérés ci-dessous peuvent être considérés comme les plus visibles.

Partout où une région, comme Henry Hill et Chinn Ridge, a figuré en bonne place dans les deux batailles, son histoire a été racontée conjointement plutôt que séparément. Cela a été fait afin d'éviter des retours en arrière inutiles. A noter que les numéros 1 à 9 ont été repérés sur un plan de visite pour le confort du visiteur.

À des fins d' orientation, une visite du musée doit précéder une visite des champs.

1. HENRY COLLINE.

Couvrant une superficie d'environ 200 acres, le sommet de ce plateau embrasse des parties de l'ancienne ferme Henry et du terrain Robinson. Il s'étend à peu près au nord-est des bois Henry jusqu'à Lee Highway, près du site de la maison Robinson. Par deux fois, la colline détenait la clé de la victoire. Après des heures de combats acharnés lors de la première bataille, sa défaite face à McDowell s'est avérée un facteur important dans l'effondrement de la résistance fédérale, tandis que dans la seconde, sa défense obstinée a assuré la retraite de l'armée de Pope au-dessus de Bull Run.

En regardant vers l'ouest à travers Henry Hill jusqu'au bâtiment de l'administration-musée. Le monument Jackson est représenté au premier plan à gauche.

Certains des points d'intérêt particulier ici comprennent :

Bâtiment Administration-Musée. Sur une colline imposante se trouve le bâtiment de l'administration et du musée, qui représente le centre central de l'interprétation de la région. Depuis la terrasse située sur les côtés nord et est du bâtiment, on peut avoir une vue panoramique imprenable sur la vallée de Young's Branch et les collines au-delà desquelles constituent les principales scènes de manœuvre tactique des deux batailles.

Monument Jackson. Située à environ 125 mètres à l'est du bâtiment administratif-musée se trouve la statue équestre de « Stonewall » Jackson. Il a été érigé par l'État de Virginie en 1940, apparemment à l'endroit où il a reçu son célèbre surnom. Dans une large mesure, le caractère et la personnalité de Jackson ont dominé les combats du premier et du deuxième Manassas.

Diorama dans le musée illustrant l'incident au cours duquel Jackson a reçu le nom de "Stonewall".

Ligne de batteries confédérées. Juste au nord de la statue de Jackson se trouvent des marqueurs indiquant la position des batteries confédérées de 26 canons qui ont engagé les 11 canons des batteries fédérales de Ricketts et Griffin à une distance d'environ 330 mètres. Avec ce furieux duel d'artillerie, la première bataille atteint son point critique. Aujourd'hui, des canons marquent cette position.

Monument aux abeilles. Au sud de la statue de Jackson, à environ 30 mètres, se dresse un monument en marbre blanc érigé à la mémoire du général Barnard E. Bee, tombé mortellement blessé à cet endroit lors de la première bataille. Peu de temps auparavant, alors qu'il tentait désespérément de rallier ses hommes, Bee avait acquis une renommée immortelle avec le cri de guerre émouvant qui a donné à Jackson le nom de « Stonewall ».

Monument de Bartow. À environ 180 pieds au nord de la statue de Jackson se trouve un bloc de pierre portant une tablette de bronze érigée à la mémoire du colonel FS Bartow, commandant de la 2e brigade de l'armée de Johnston, tué lors de la première bataille à cet endroit. À un moment critique de la première phase de la bataille, Bee et Bartow avaient apporté un vaillant soutien à Evans.

Position des canons de Ricketts et Griffin. Juste au sud de Henry House se trouvent des canons et des marqueurs indiquant la position avancée occupée par les batteries de l'Union de Ricketts et Griffin lors de la première bataille. Lors d'une attaque surprise, qui annihila pratiquement ces deux vaillantes batteries, Ricketts fut grièvement blessé.

Maison Henri. À environ 650 pieds au nord-ouest du bâtiment administratif-musée se trouve la maison Henry qui a été érigée peu après la guerre sur le site de la célèbre structure originale. Au cours de la première bataille, la petite maison d'origine a été prise dans la ligne de tirs d'artillerie croisée qui ont tué sa propriétaire, Mme Judith Henry. Gravement endommagé, il subit de nouvelles mutilations au cours de l'année suivante. À la fin de la deuxième bataille, la maison était complètement en ruine.

Tombe de Judith Henry. Dans la cour Henry, à quelques mètres à l'ouest de la maison, se trouve la tombe de la veuve, Judith Henry, entourée d'une balustrade en fer et d'arbustes. Elle aurait été enterrée ici par des soldats confédérés le lendemain de la première bataille. Un fils et une fille y sont également enterrés. La mort tragique de Mme Henry est traitée de manière dramatique dans le poème de Stephen Vincent Benet, « Le corps de John Brown ».

Monument syndical. Ce monument pyramidal en pierre brun rougeâtre , situé dans la cour du côté est de la Henry House, a été érigé par les soldats de l'Union en 1865 à la mémoire de leurs camarades tombés lors de la première bataille. C'est l'un des premiers monuments commémoratifs de la guerre civile.

2. MAISON ROBINSON.

À environ 800 mètres au nord-est du bâtiment de l'administration-musée, sur un éperon en saillie, se dresse la maison Robinson sur le site de la structure de guerre appartenant au nègre libre James Robinson. Aucune partie de la maison actuelle n'est originale, bien qu'une partie date d'environ 1888. La maison d'origine a été démolie en 1926 pour permettre la construction de la plus grande partie de la structure actuelle. Souffrant peu de dégâts lors de la première bataille, la maison et les champs d'origine furent pillés par les troupes fédérales de Sigel lors de la seconde bataille. Pour ces dommages, Robinson reçut 1 249 $ du Congrès dans une loi privée du 3 mars 1873. Une vue pittoresque s'ouvre à partir de ce point vers l'est à travers Bull Run et vers l'ouest jusqu'aux montagnes.

3. PONT DE PIERRE.

Le pont de pierre et le ruisseau Bull Run qui coule en dessous sont indissociables de l'histoire des deux batailles de Manassas. Situé sur la Warrenton Turnpike, à environ 1½ milles à l'est de son intersection avec la route Manassas- Sudley , il constitua, lors de la première bataille, le point d'ancrage de la gauche confédérée et l'objectif de la diversion fédérale sous Tyler. Après la déroute des forces de McDowell, elle constituait l'une des principales voies de fuite. Lors de la deuxième bataille, c'était la principale route d'avance et de retraite fédérale. Bien que le pont ait été détruit à plusieurs reprises, les culées sont d'origine. Le pont actuel de Lee Highway traverse Bull Run à environ 100 pieds au sud de l'ancienne structure qui est maintenant commémorée par l'État de Virginie.

Le pont de pierre tel qu'il apparaît aujourd'hui.

4. MAISON EN PIERRE (MATTHEWS).

Construite au début du XIXe siècle, cette structure de deux étages et demi en pierre indigène brun rougeâtre constitue le monument le mieux conservé et le plus visible des deux champs de bataille. Il est situé du côté nord de la Lee Highway, près de sa jonction avec la route Manassas- Sudley . Ici, les marées de la bataille l'ont englouti à deux reprises car il servait alternativement d'hôpital pour les blessés de chaque camp. Des coquillages peuvent encore être vus incrustés dans ses murs. Après la guerre, elle fut exploitée comme taverne pendant plusieurs années.

La Maison en Pierre.

5. CRÊTE DE MENTON.

Cette crête dominante fut utilisée à deux reprises par les Confédérés dans des mouvements tournants qui provoquèrent la défaite des armes fédérales. Lors de la première bataille, les brigades Early et Elzey , appuyées par l'artillerie de Beckham, repoussèrent la droite fédérale sous Howard pour précipiter une déroute générale de l'armée fédérale. Dans la seconde, les troupes de Longstreet se sont précipitées pour s'emparer de la crête dans une attaque qui, sans la défense réussie d'Henry Hill, aurait tourné la gauche fédérale. La crête est desservie par une route du parc qui se termine par un point de vue dominant à son extrémité nord.

Site de la Maison Chinn. Il ne reste que les murs de fondation et les bases de deux cheminées massives pour attester de ce qui fut autrefois l'une des résidences les plus spacieuses des champs de bataille de Manassas. Construite vraisemblablement à la fin du XVIIIe siècle, la maison tire son nom de Benjamin T. Chinn, qui a acheté la propriété en 1853. Utilisée à deux reprises comme hôpital de campagne, elle a survécu jusqu'en 1950, date à laquelle, dans un état de ruine, elle a été démantelée.

Monument Webster. À environ 600 mètres au nord de Chinn House se trouve un rocher de granit avec une plaque de bronze marquant l'endroit où le colonel Fletcher Webster, fils de l'homme d'État Daniel Webster, est tombé mortellement blessé lors de la deuxième bataille, le 30 août 1862. Le rocher a été ramené de «Marshfield», Mass., la succession de l'aîné Webster.

Printemps Chinn. Chinn Spring est située du côté nord de Chinn House Road, à quelques mètres du petit ruisseau connu sous le nom de Chinn Branch. Après la chaleur de la bataille, de nombreux soldats épuisés et blessés des deux armées sont venus ici pour boire avec reconnaissance à ses eaux fraîches et bouillonnantes. C'est un endroit attrayant, ombragé par de grands chênes et marqué par une herbe toujours verte.

6. CHEMIN DE FER INTERMINÉ.

À environ 300 mètres au sud de l'actuelle église de Sudley , l'ancienne voie d'une ligne indépendante du chemin de fer de Manassas Gap traverse la route Manassas- Sudley (route 234 de Virginie). S'étendant vers le sud-ouest à partir de ce point sur une distance de près de 2 milles se trouve la section du grade occupée par les troupes de Jackson lors de la deuxième bataille. Depuis cet écran de protection, il révéla pour la première fois sa position lors de l'attaque de la colonne King le 28 août. Ici, au cours des deux jours suivants, il repoussa avec succès les assauts fédéraux répétés. Bien que des broussailles et des arbres aient poussé sur une grande partie du terrain, le niveau est toujours clairement défini.

7. ÉGLISE DE SUDLEY.

Juste à l'ouest de Manassas- Sudley Road, près de son intersection avec Groveton- Sudley Road (Virginia Route 622), se trouve l'église de Sudley sur le site approximatif de la structure de guerre qui a servi à deux reprises d'hôpital. Lors de la première bataille, les blessés fédéraux ont envahi l'église et se sont répandus dans plusieurs maisons voisines.

Photographie de guerre de l' église de Sudley. Avec l'aimable autorisation de la Bibliothèque du Congrès.

8. « COUPE PROFONDE. »

À environ trois quarts de mile au nord-ouest de Groveton et immédiatement en face de l'ancienne voie ferrée se trouve « Deep Cut », théâtre des combats les plus acharnés de la deuxième bataille. Ici, les troupes de Fitz-John Porter ont subi des pertes terribles lors de tentatives courageuses mais vaines pour pénétrer les défenses de Jackson. Des bois épais ont maintenant poussé dans ce qui était alors un terrain découvert, masquant en grande partie le puits de pierre brun rougeâtre érigé à la mémoire des troupes de l'Union qui y sont tombées. La plupart des terres de la zone « Deep Cut » n'appartiennent pas actuellement au parc.

9. LA MAISON DOGAN.

Ici, à Groveton, à l'intersection de Groveton- Sudley Road et de Lee Highway, se trouve la Dogan House, l'un des principaux monuments de la deuxième bataille. C'est dans cette zone, le 29 août, que la division Hood repoussa la division Union de Hatch avant qu'elle ne se retire à l'ouest de Groveton. Le lendemain, la zone a été la cible de tirs d'artillerie lourde et d'infanterie.

La petite maison d'un étage en rondins lambrissés servait à l'origine de maison du surveillant de la ferme Dogan. Plus tard, il fut occupé par la famille Dogan après l'incendie de leur maison principale. Comme la Maison en pierre, elle constitue aujourd'hui l'une des deux structures originales restantes du parc.

La maison Dogan.

Le parc

Le parc du champ de bataille national de Manassas a été désigné zone fédérale le 10 mai 1940. Les 1 670,74 acres de terres fédérales situées dans le parc comprennent des parties des deux champs de bataille.

L'une des premières étapes de la commémoration de ces champs a été franchie en 1922 avec l'achat de la ferme Henry, d'environ 128 acres, par le Manassas Battlefield Confederate Park, Inc. et les fils des anciens combattants confédérés. Le 19 mars 1938, la ferme Henry a été cédée par acte au gouvernement des États-Unis comme « mémorial éternel aux soldats bleus et gris ». Des ajouts importants aux propriétés du parc ont été réalisés en 1949 avec l'acquisition des propriétés historiques Stone House et Dogan House.

Comment atteindre le parc

Le parc est situé dans le comté de Prince William, en Virginie, à 26 miles au sud-ouest de Washington, DC. La route nationale 234 croise les autoroutes américaines n° 29 et 211 à la limite du parc.

Administration

Le parc du champ de bataille national de Manassas est administré par le service des parcs nationaux du ministère de l'Intérieur des États-Unis. Les communications doivent être adressées au surintendant du parc du champ de bataille national de Manassas, Manassas, Virginie.

Domaines connexes

Les autres champs de bataille de la guerre civile en Virginie administrés par le National Park Service comprennent : le parc militaire national de Fredericksburg et Spotsylvania, le parc du champ de bataille national de Richmond, le parc militaire national de Petersburg et le monument national d'Appomattox Court House.

Installations pour les visiteurs

Un musée moderne et des marqueurs de champs de bataille font partie du programme d'interprétation du parc. Le musée, mis en valeur par un diorama et une carte électrique, présente les expositions de manière à développer l'histoire des deux batailles en séquence narrative. De la littérature gratuite, des installations de bibliothèque et des services d'interprétation sont également disponibles au musée. Des visites spéciales peuvent être organisées pour les organisations et les groupes si un préavis est donné au surintendant. Les heures d'ouverture du musée sont de 9h à 17h tous les jours.

[1] Pour n'avoir pas exécuté l'ordre du Pape du 29 d'attaquer Jackson, Porter fut traduit en cour martiale et démis de ses fonctions de l'armée le 21 janvier 1863. En 1879, un conseil d'officiers généraux qui examina le cas détermina que Porter pouvait n'aurait pas réussi à attaquer Jackson, comme ordonné, parce que le corps de Longstreet s'était mis en position à droite de Jackson et en face de Porter, et que ce dernier le savait. Ainsi, l'ordre du Pape, rédigé sans que l'on soit au courant de cette évolution, n'a pas pu être exécuté. Le président Arthur, en 1882, a remis la partie de la phrase qui interdisait à Porter d'occuper toute fonction de confiance ou de profit sous le gouvernement des États-Unis. Le 5 août 1886, Porter fut reconduit dans ses fonctions de colonel d'infanterie et, deux jours plus tard, inscrit sur la liste de retraite. À ce jour, malgré sa justification finale, la controverse sur l'action de Porter le 29 août 1862 à Second Manassas ne s'est pas apaisée parmi les étudiants militaires.

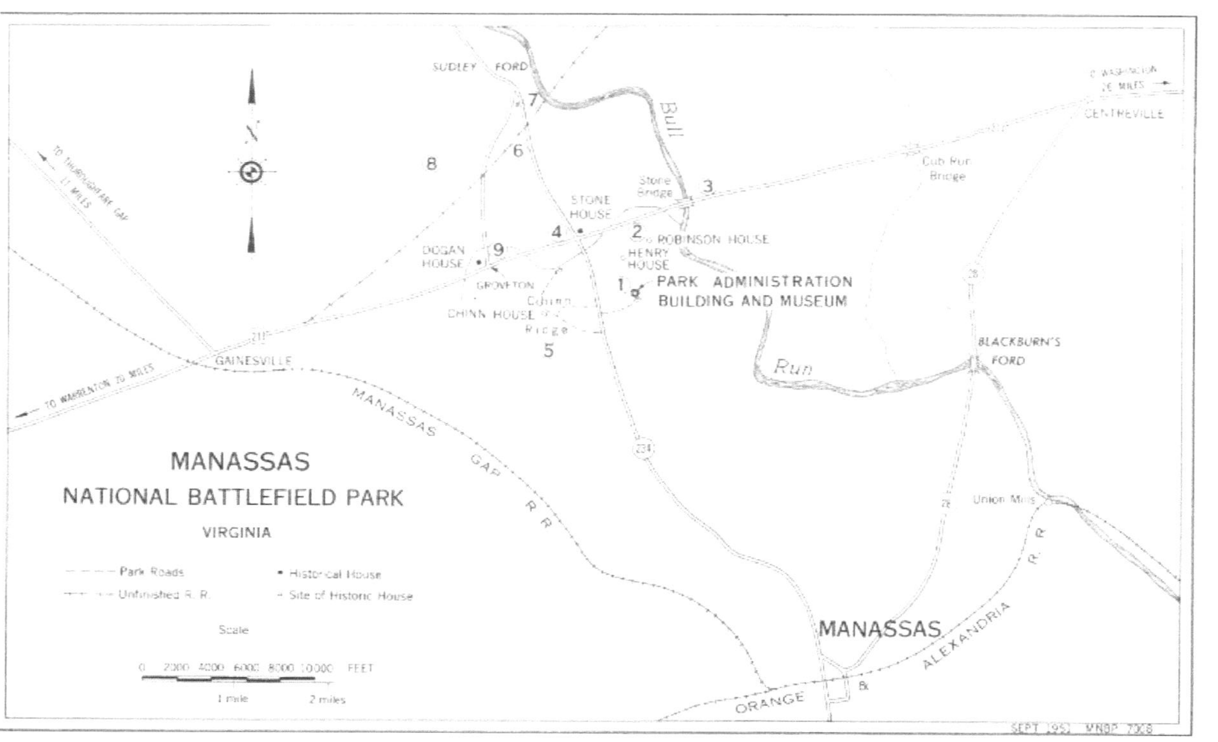
SUDLEY FORD
TO WASHINGTON 30 MILES
CENTREVILLE
Bull
Cub Run Bridge
8
6
7
Stone Bridge
3
STONE HOUSE
4
2
ROBINSON HOUSE
HENRY HOUSE
DOGAN HOUSE
9
1
PARK ADMINISTRATION
BUILDING AND MUSEUM
GROVETON
Chinn
CHINN HOUSE
Ridge
5
Run
BLACKBURN'S FORD
TO THOROUGHFARE GAP 11 MILES
GAINESVILLE
TO WARRENTON 20 MILES
MANASSAS GAP R R
234
Union Mills
MANASSAS
NATIONAL BATTLEFIELD PARK
VIRGINIA
Park Roads
Unfinished R. R.
Historical House
Site of Historic House
Scale
0   2000 4000 6000 8000 10000   FEET
1 mile   2 miles
MANASSAS
ORANGE
ALEXANDRIA R. R.
SEPT 1961   MNBP 7008